Traduit de l'anglais par Michelle Esclapez

Supplément réalisé avec la collaboration
de Dominique Boutel et Anne Panzani

ISBN : 2-07-059310-X
Titre original : *The upside-down Mice and other animal stories*
Publié par Picadilly Press, Londres

Numéro d'édition : 74426
Loi n° 49-956 du 16 juillet 1949 sur les publications
destinées à la jeunesse
Dépôt légal : février 1996
Imprimé en Italie par La Editoriale Libraria

Les souris tête en l'air

et autres histoires d'animaux

GALLIMARD JEUNESSE

TABLE DES MATIÈRES

Jane Merer remercie Gina Pollinger
pour son aide précieuse.

Les souris tête en l'air

Roald Dahl

Il était une fois un vieil homme de quatre-vingt-sept ans qui se nommait Basile. Il avait mené jusqu'alors une vie douce et paisible. C'était un homme à la fois très pauvre et très heureux. Quand Basile découvrit qu'il avait des souris dans sa maison, il ne s'inquiéta pas outre mesure. Mais les souris proliféraient et commençaient à l'importuner, jusqu'au jour où il décida qu'il était temps de s'en débarrasser.

« Voilà qui dépasse les bornes, se dit-il. Elles y vont vraiment un peu fort. » Il sortit en clopinant pour se rendre à la boutique du bas de la rue où il se procura quelques pièges, un morceau de fromage et un peu de colle.

De retour chez lui, il mit de la colle sous les pièges qu'il fixa ensuite au plafond. Puis il les garnit soigneusement de quelques morceaux de fromage pour attirer les souris, enclencha le mécanisme et sortit.

Cette nuit-là, quand les souris sortirent de leurs trous et qu'elles aperçurent les pièges au plafond, elles crurent à une grossière plaisanterie. Elles couraient en tous sens sur le plancher en se poussant du museau et en montrant le plafond avec leurs pattes avant, tout en se tordant de rire. Après tout, c'était plutôt stupide, ces pièges tendus au plafond !

Quand Basile descendit le lendemain matin et qu'il vit qu'il n'y avait pas une seule souris attrapée, il se contenta de sourire. Il prit une chaise, posa de la colle sous ses pieds et la fixa à l'envers au plafond, à côté des pièges. Il fit de même avec la table, la télévision et la lampe. Il prit en fait tous les objets qui se trouvaient sur le plancher et les colla à l'envers au plafond. Il colla même un petit tapis qui se trouvait là.

La nuit suivante, quand les souris sortirent de leurs trous, elles riaient encore et plaisantaient au souvenir de ce qu'elles avaient vu la veille. Mais cette fois-ci, comme elles levaient les yeux au plafond, leur rire s'arrêta net.

– Juste ciel ! s'écria l'une, regardez là-haut ! Ne voilà-t-il pas le plancher !

– Bonté divine ! s'écria une autre, nous devons nous trouver au plafond !

– Je crois que la tête me tourne, fit une troisième.

– Tout le sang me monte au cerveau ! dit encore une autre.

– Voilà qui est terrible ! dit la souris la plus âgée qui portait de longues moustaches.

Oui, vraiment terrible ! Nous devons immédiatement faire quelque chose !

– Je vais m'évanouir si je dois rester plus longtemps sur la tête ! s'écria une jeune souris.

– Et moi aussi !

– Je ne peux pas le supporter !

– A l'aide ! Au secours ! Faites quelque chose, vite !

Elles devenaient hystériques à présent.

– Je sais ce que nous allons faire, dit la souris la plus âgée. Nous allons toutes nous mettre sur la tête et, de toutes les façons, nous serons dans le bon sens.

Très obéissantes, toutes les souris se mirent aussitôt sur la tête et, au bout de quelque temps – ce qui fut assez long – elles eurent une congestion cérébrale et s'effondrèrent l'une après l'autre sur le sol.

Quand Basile descendit le lendemain matin, le sol était jonché de souris. Il les ramassa promptement et les fourra dans son panier.

N'oubliez donc pas ceci : quand le monde à l'air de marcher sur la tête, assurez-vous que vous gardez encore plus solidement les pieds sur terre.

Noé

Elisabeth Beresford

Ce n'était décidément pas un bon jour ! Une dispute au bureau, un vent glacé qui lui soufflait au visage de tous les côtés, enfin une pénurie d'autobus, alors, lorsque Lucie arriva chez elle, elle était fatiguée, gelée, exténuée. Elle tourna rue de l'Arche – encore ce maudit vent en pleine figure – et elle cherchait sa clef à tâtons quand, soudain, elle le vit. Ce n'était déjà plus un chaton mais pas encore un chat adulte. Il se tenait blotti misérablement devant la porte en faisant le gros dos et sa fourrure blanche et noire était tout hérissée.

– Psss… Va-t'en !

Le petit chat rabattit les oreilles mais il ne bougea pas. Quelqu'un tira le voilage au rez-de-chaussée et elle eut la vision fugitive du visage furibond de M. Turlupin.

– Allons, va ton chemin…

Lucie ouvrit la porte, poussa ses paquets à l'intérieur et se retourna vers l'animal égaré. Bien qu'il fût tout crotté, il y avait une certaine dignité dans sa façon de la regarder, ses pattes avant sagement croisées devant lui. Le vent fit claquer la porte qui se referma derrière elle et Lucie commença à grimper l'escalier, tout en marmonnant : « Sacré animal. Les gens ne devraient pas prendre de bêtes s'ils ne sont pas capables de s'en occuper… » Elle remarqua en passant que la porte d'entrée de l'appartement situé en face de celui de M. Turlupin était ouverte et qu'il y avait des caisses de déménagement par terre. Ainsi, ils l'avaient enfin loué… un nouveau locataire, il ne ferait pas long feu. Le bâtiment – l'Arche, comme on l'appelait pompeusement –

n'attirait pas les sédentaires. Seul le vieux M. Turlupin semblait inamovible. L'humeur sombre de Lucie s'accentua. Quand « lui » partirait, ce serait elle la plus ancienne locataire. Elle s'arrêta au dernier étage.

Sur le pas de la porte, le petit chat attendait patiemment. Il avait déjà passé la plus grande partie de sa jeune existence à attendre et il avait au moins appris une chose ou deux. Par exemple, comment interpréter les intonations de la voix humaine ; aussi ne fut-il pas surpris le moins du monde quand il vit la porte d'entrée s'entrouvrir légèrement et qu'une main le saisit pour le porter à l'intérieur.

« Je dois avoir perdu l'esprit, se dit Lucie quand elle

se retrouva en sécurité entre ses quatre murs. Les animaux sont interdits ici, mais je ne pouvais tout de même pas… oh ! et puis, c'est juste pour cette nuit. Demain, je te mets dehors ! »

Elle trouva des restes, à côté desquels elle posa une soucoupe de lait, mais il ne voulut pas manger avant d'avoir fait une toilette méticuleuse. En voulant atteindre son dos, il faillit perdre l'équilibre, ce qui fit rire Lucie aux éclats et calma sa mauvaise humeur. Elle lui raconta sa dispute de l'après-midi au bureau et, en un clin d'œil, le chat fut sur ses genoux. Il tendait le cou, se pâmant de bonheur sous la douce caresse qui lissait sa fourrure. Mais Lucie n'alla pas jusqu'à lui permettre de dormir sur son lit et, longtemps après qu'elle eut sombré dans le sommeil, il se promena à pas feutrés, inspectant son nouveau domaine. Oui, cela ferait parfaitement l'affaire pour l'instant. Pourtant il faudrait obtenir une nette amélioration de la nourriture.

Lucie se réveilla le lendemain matin, reposée et plus heureuse qu'elle ne l'avait été depuis longtemps. Elle ouvrit la fenêtre. Le chat s'étira et sortit sur l'étroit balcon, puis il sauta sur le toit de la remise qui se trouvait en bas et disparut dans les buissons de laurier.

La pluie tombait maintenant que le vent s'était calmé. « Je ne peux pas te mettre dehors par un temps pareil, se dit Lucie quand elle le vit revenir tout ruisselant et se secouer sur le balcon, mais demain !… »

Il est donc singulier qu'en rentrant du bureau, ce soir-là, elle s'arrêtât en chemin pour acheter trois sortes de Kit et Kat. Elle nomma le chat Noé à cause de la rue et, à la fin de la semaine, c'était comme s'ils avaient vécu ensemble depuis des mois.

« Il y a décidément quelqu'un qui emménage en bas. De nouveaux meubles sont arrivés aujourd'hui – du genre plutôt cossu. C'est probablement un de ces superbes mannequins. Eh bien, si c'est le cas, elle ne restera pas longtemps ! »

C'était trop beau pour durer. Le samedi, Lucie passa la journée dehors avec des amis. Mais Noé parut s'en accommoder. En fait, au moment où il entendit la porte d'entrée se refermer, il se précipita vers la fenêtre pour inspecter le voisinage. Il avait appris à reconnaître le pas de Lucie, aussi était-il toujours de retour – bien qu'un peu hors d'haleine – quand elle rentrait, tout juste comme s'il n'avait pas mis le nez dehors. Le dimanche, Lucie se lava les cheveux et déambula dans l'appartement en parlant à Noé et en se livrant à d'étranges exercices.

« Maudit aspirateur, quelque chose a dû rester coincé et voilà qu'il souffle des moutons... » La sonnerie de la porte d'entrée retentit. D'un geste machinal, Lucie ouvrit la porte et sur le seuil se tenait M. Turlupin, non plus furibond mais triomphant, qui pointait le doigt dans une certaine direction.

– Je voudrais vous rappeler, dit-il, que les animaux sont interdits ici. Je devrai en référer au propriétaire !

Lucie resta interdite et regarda par-dessus son épaule. Noé n'avait pas eu la présence d'esprit de se cacher. Il trônait à côté de l'aspirateur, sur un journal ouvert sur la table de la cuisine. Il croisa sagement les pattes avant et pencha la tête de côté en regardant M. Turlupin.

– Chat de gouttière, dit M. Turlupin en le caressant derrière l'oreille.

Noé leva vers lui un regard plein d'adoration.

– Vous avez des ennuis avec cet aspirateur ? Je pourrais peut-être regarder ce qui ne va pas, si vous voulez…

Il le mit en pièces détachées, les nettoya, les assembla à nouveau, avala deux tasses de café tout en racontant à Lucie quelques bribes de son histoire personnelle. Il semblait avoir complètement oublié le propriétaire. Il fit également remarquer qu'il y avait un nouveau locataire, bien qu'on ne l'ait encore jamais vu.

– Il doit avoir pas mal d'argent. C'est du beau mobilier, on dirait…

Noé aplatit les oreilles. Le lendemain, il élargit encore son territoire. M. Turlupin lui donna une demi-boîte de sardines en lui faisant jurer que c'était un secret entre eux et qu'il n'en parlerait à personne. Noé se mit à ronronner, fit sa toilette avec soin puis se dirigea lentement vers l'appartement vide et en fit le tour en observateur avisé. Il était si occupé qu'il faillit entrer en collision avec le nouveau locataire. Ils s'observèrent en silence, puis Noé, sans perdre un poil de sa dignité, sortit de la pièce en marchant à grands pas, la queue haute. Le nouveau locataire éclata de rire et retourna défaire ses caisses.

– Mais où as-tu donc été te fourrer ? lui demanda Lucie, en enlevant de petits copeaux de bois qui s'étaient plantés çà et là dans sa fourrure soyeuse.

Noé ronronna, se dirigea vers son assiette de Kit et Kat et se mit à manger consciencieusement.

– De mon temps, les chats se contentaient des restes, dit le vieux M. Turlupin qui apparut, tenant à la main une lampe qu'il venait de réparer.

Il omit de dire qu'il venait juste de mettre au frigidaire une pleine jatte de crème, au cas où Noé passerait lui rendre visite. Il croisa le regard de Lucie et tous deux éclatèrent de rire. De l'étage en dessous, le nouveau locataire les entendit. Cet endroit était décidément très gai et respirait une atmosphère heureuse et détendue, tout à fait inhabituelle.

Deux jours plus tard, Noé avait disparu. Au début, Lucie resta relativement calme. Elle fit le tour des bâtiments en l'appelant ; puis elle le chercha dans la remise et dans les buissons de laurier. Enfin, elle obligea le vieux M. Turlupin à sortir dans le vent et le froid de la nuit. Au risque d'alerter le propriétaire, ils appelèrent, « Noé ! Noé ! » mais leurs voix se perdirent dans le vent. Il commença à pleuvoir et les buissons se mirent à onduler sous la pluie, mais aucune ombre noire et blanche ne se profila…

– Peut-être chez le nouveau locataire, dit Lucie en claquant des dents.

Le locataire leur ouvrit aussitôt sa porte et les regarda, étonné. Ils formaient un couple étrange : Lucie avec ses longs cheveux noirs qui frisottaient et dégoulinaient de pluie, et M. Turlupin avec des épis hérissés sur son crâne à moitié chauve. Ils se mirent tous à parler en même temps.

– Attendez, attendez, dit le nouveau locataire, vous m'avez l'air plutôt gelés tous les deux. L'endroit est un peu en désordre mais entrez, je vous en prie. J'en profite pour me présenter : je m'appelle Henri…

Il y avait encore en effet une ou deux caisses ouvertes qui traînaient dans un coin, mais il faisait chaud, l'intérieur était accueillant et, comme par miracle, une bouteille de vin apparut.

– C'est seulement un chat et nous n'avons pas le droit d'avoir des animaux ici, mais on ne le retrouve pas, dit Lucie, tandis que M. Turlupin, essoufflé, s'asseyait. Il a pu faire un saut chez vous ou bien avoir été enlevé, s'être perdu…

– Il pourrait aussi, dit Henri en remplissant à nouveau son verre et en lui souriant d'une façon qui lui fit oublier à quel point elle avait froid, être une sorte de chat mystificateur et avoir passé les dernières vingt-quatre heures dans « ma » cuisine. J'avais rarement vu un chat errant aussi pathétique, ajouta-t-il. Poil hirsute, complètement affamé, personne pour s'occuper de lui… il n'a pas cessé de fixer son regard sur moi. Désolé, j'ai bien cru qu'il était abandonné. Les chats sont parfois de merveilleux acteurs…

Comme pour lui donner la réplique, Noé entra dans la pièce, la queue haute. Il les regarda tous trois, se passa la langue sur les moustaches et s'assit en croisant sagement les pattes avant. Puis il se mit à ronronner à leur intention. Il ne réagit même pas quand ils éclatèrent de rire, car, en fin de compte, il était démasqué.

Kit et Kat à l'étage pour son petit déjeuner avec un brin de causette puis sardines et crème de lait pour son déjeuner, enfin, suprême bonheur, Dandy Kat et encore un brin de causette pour son dîner. Qu'est-ce qu'un chat pouvait demander de plus ? Ses ronronnements redoublèrent.

UN CHIEN CATASTROPHIQUE

Penelope Lively

Il y a des gens qui achètent des chiens. Il y en a d'autres à qui on les donne. Et puis, il y a ceux que les chiens prennent de force, si j'ose m'exprimer ainsi. Je vais vous raconter ce qui est arrivé à la famille Bolet, juste au cas où vos parents décideraient d'adopter un chien de la S.P.A. M. Bolet était d'avis de se procurer un chien à la S.P.A. tout simplement parce qu'il ne voyait pas pourquoi il devrait dépenser de l'argent alors qu'il pouvait obtenir gratuitement ce qu'il désirait. Mme Bolet, de son côté, pensait que ce serait faire une bonne action que de donner un foyer à un pauvre chien abandonné. Quant à

Paul, âgé de neuf ans, peu lui importait d'où venait le chien, du moment qu'on en adoptait un. Cela faisait bien longtemps qu'il désirait avoir un chien et à présent qu'ils venaient d'emménager dans une nouvelle maison, située en dehors du village, au bout d'une route isolée, sans voisinage, son père commençait à se familiariser avec cette idée. Ce devrait être un chien de garde naturellement, de cette sorte de chiens qui ont du flair, sont efficaces et savent tenir les voleurs à distance.

La S.P.A. regorgeait d'une foule de chiens de toutes espèces et de toutes tailles. Ils se pressaient le long des grillages en aboyant tous à la fois, en agitant la queue et en sautant de tous côtés. Le gardien leur désigna plusieurs spécimens prometteurs : un épagneul roux tout en oreilles et en pattes, un berger écossais très élégant, un bâtard surexcité à la voix perçante. M. et Mme Bolet marchaient le long du grillage en observant les chiens.

Mme Bolet, qui était d'une nature sentimentale et qui fondait facilement devant les animaux et les enfants, ne cessait de les caresser en roucoulant et se laissait volontiers lécher les mains. Paul lia amitié avec un gros chien jaune turbulent.

– Ouah !…

Paul regarda autour de lui.

– Ouah !… Toi, là-bas…

Ses parents se trouvaient de l'autre côté du terrain, en grande discussion à propos d'un terrier. Le garde était parti. La voix ne pouvait appartenir à aucun d'eux. Je dois dire tout de suite, et Paul le comprit aussitôt, qu'il ne s'agissait pas d'une voix ordinaire. C'était plutôt une voix de tête – qui s'adressait à quelqu'un d'invisible comme au téléphone. Cependant, les mots qu'elle prononçait étaient directs et compréhensibles.

Paul observa les chiens plus attentivement. Ils s'agitaient tous frénétiquement à l'exception d'un seul, une sorte d'animal brunâtre, difficile à décrire, affublé d'un bout de queue. Une de ses oreilles était blanche. Il se tenait juste derrière le grillage et fixait Paul. Paul jeta un coup d'œil à ses parents ; ils ne regardaient pas dans sa direction. Il observa à nouveau le chien brun.

– As-tu dit quelque chose ? demanda-t-il en se sentant un peu ridicule.

– Tout à fait, répondit le chien. Habites-tu une maison ou un appartement ?

– Une maison. A la campagne.

– Avec chauffage central et jardin ?

– Oui. Écoute, comment peux-tu…

Le chien l'interrompit.

– Ça m'a l'air d'un logement convenable. Va chercher tes parents et j'en fais mon affaire. Le coup du chien abandonné, ça ne rate jamais.

– Est-ce que tous peuvent... parler ? demanda Paul en désignant les autres chiens.

Le chien marmonna entre ses dents avec un air de mépris :

– Bien sûr que non. Vulgaire racaille, voilà tout ce qu'ils sont.

Il y avait quelque chose qui déplaisait à Paul dans la personnalité du chien, mais il ne pouvait s'empêcher d'être intrigué.

– Mais toi, comment as-tu appris ?

– Moi, je sais ce que je sais, aboya le chien.

– Et pourquoi t'adresses-tu à moi ? Pourquoi ne pas parler plutôt à mon père ? reprit Paul.

– Malheureusement, fit le chien, les adultes de votre espèce ont tendance à avoir ce qu'on pourrait appeler, l'esprit obtus. J'ai bien essayé, crois-moi, ça ne marche pas. C'est seulement les mioches comme toi qui sont réceptifs. C'est vraiment dommage. Allons, va chercher ta maman et ton papa et dis-leur de venir faire un tour par ici.

Paul n'était pas très satisfait de s'entendre traiter de mioche. Il hésita. Le chien se rapprocha du grillage et, plissant légèrement les yeux, il leva le regard vers lui et dit :

– Réfléchis. Nous pourrions monter une attraction tous les deux. Tu pourrais en tirer des avantages – des tas d'avantages. Le Chien Qui Sait Compter. Le Chien Qui Peut Lire Vos Pensées. Nous pourrions passer à la télé. Tout est possible.

– Nous voulons seulement un chien qui sache aboyer, dit Paul.

Aussitôt, le chien recula la tête et laissa échapper une volée d'aboiements à vous crever les tympans.

– Est-ce que ça ira ?

M. et Mme Bolet, abandonnant le terrier, se hâtèrent dans leur direction. Immédiatement, le chien se lança contre le grillage en faisant une démonstration irrésistible de frétillements de la queue, de grimaces et de coups de langue. Quand Mme Bolet se pencha pour le caresser, il se renversa sur le dos en fermant les yeux et se tortilla comme en proie à l'extase. Mme Bolet s'exclama :

– Oh, n'est-il pas adorable !

L'espace d'une seconde, le chien ouvrit un œil ; puis il se leva et s'accroupit devant M. Bolet dans une attitude d'obéissance servile. Enfin, il se rua sur un ennemi invisible en poussant une série d'aboiements d'une férocité effroyable.

Bon, je n'ai pas besoin de vous raconter la suite.

Dire que le chien s'installa dans la maison serait un faible mot : il s'y établit véritablement. Ce fut l'affaire de quelques jours. Feignant d'être malade, il réussit à faire déplacer son panier du vestiaire.

– Je crois qu'il doit avoir froid ici, dit Mme Bolet en le regardant d'un air anxieux. Il vaut mieux le laisser dormir dans la cuisine près de la chaudière.

Le chien remua faiblement la queue et se leva en chancelant sur ses pattes. Quand ils le sortirent la première fois pour une promenade, il commença à boiter au bout de deux kilomètres. Paul examina ses pattes et dit :

– Je ne vois rien d'anormal.

– Tais-toi donc, aboya le chien. Je suis handicapé. Je ne suis pas du genre qui

aime les balades, autant te le dire tout de suite.

Et Paul dut le porter jusqu'à la maison. Le quatrième jour, le chien lui dit :

– Dis à ta mère que je n'aime pas cette odeur de lapin dans la viande qu'elle me sert. Je préfère le bœuf et surtout la pâtée à la queue de bœuf. Et je voudrais davantage de biscuits.

– Dis-le lui toi-même, répondit Paul, d'un ton maussade.

Il commençait à être fatigué de s'entendre donner des ordres.

– Il y a des gens, aboya le chien, qui pourraient trouver les choses un peu étranges s'ils ne font pas assez attention ou s'ils n'agissent pas avec obligeance. Ils pourraient, par exemple, trouver le plus beau vase de leur mère en morceaux, et alors, qui serait le coupable ? Ou bien voir disparaître certains objets, comme la pipe de leur papa ou bien une paire de gants, et alors, qui se fera accuser et sera obligé de les retrouver ?

– Tu ne feras pas ça ! dit Paul sans grande conviction.

– Eh bien, parions que si, dit le chien.

– Pourquoi ma mère croirait-elle que je connais tes goûts ?

– Parce que les enfants ont une relation privilégiée avec les animaux, dit le chien. C'est un fait reconnu.

On appela le chien Vaillant. Le nom ne semblait pas lui convenir particulièrement, mais il aurait été difficile d'en trouver un qui lui aille.

– Quel est ton nom ? lui avait demandé Paul, dès le premier jour.

– Ça dépend, répondit le chien. J'en ai déjà eu plusieurs. Choisis ce que tu voudras.

Et on avait choisi Vaillant.

Son activité favorite, c'était la sieste. De préférence après un repas copieux et sur le meilleur canapé ou l'un des lits d'une des chambres à coucher.

– La plupart des chiens, lui dit Paul, courent en tous sens toute la journée pour flairer ce qui passe à leur portée et ils n'arrêtent pas de demander à sortir pour aller se promener.

Vaillant bâilla.

– Ça les regarde, dit-il. Moi, j'ai appris à baisser la tête et à avoir une vie confortable. Pousse-toi, sois gentil, je veux piquer un roupillon.

Au début, il aboya après le postier, le laitier et l'homme qui venait relever le compteur. Le cinquième jour, il dormait comme une souche et laissa entrer sans bouger un laveur de carreaux, un homme qui vendait des brosses et une femme qui faisait une collecte pour la Croix-Rouge. Paul lui dit :

– Tu aurais dû aboyer. C'est pour cela que mes parents t'ont adopté.

– Je n'ai pas arrêté d'aboyer hier, dit Vaillant d'un ton maussade. En plus, il y a un tarif pour ce travail. S'ils veulent que je bouge davantage, il faut aussi qu'ils me donnent quelques à-côtés, un petit biscuit au chocolat ou une bonne côtelette.

M. Bolet commençait à se douter de quelque chose. Il lui semblait que Vaillant était plutôt paresseux pour un chien. Mme Bolet, qui avait toujours tendance à voir le bon côté des gens, se demandait parfois s'il n'était pas un peu vieux et si on ne lui en demandait pas trop. Vaillant prenait l'air las et se dirigeait en boitant vers son bol de nourriture en la regardant d'un air attendri.

M. Bolet coupa court à ces absurdités et déclara qu'il fallait le mettre dehors dans le jardin une partie de la journée. Alors, Vaillant resta assis devant la porte d'entrée, l'air menaçant. Lorsque des invités

arrivèrent le dimanche pour déjeuner, il se jeta sur eux en aboyant de façon hystérique et il déchira un morceau du pantalon de l'oncle Jean. Le plus jeune des cousins éclata en sanglots et refusa de sortir de la voiture et on dut enfermer Vaillant au garage. Quand on le laissa sortir, il était véritablement enragé.

– Tu devrais être capable de faire la différence entre des amis et des voleurs, lui dit Paul. C'était mon oncle. Maman a dû passer tout l'après-midi à lui faire des excuses.

– Ils m'ont dit de faire le chien de garde, aboya Vaillant, alors j'ai fait le chien de garde. De toute façon, ça m'est bien égal ce qui est arrivé à ce type !

Paul se résigna. « Il y a des gens, se dit-il, qui adoptent d'adorables chiots, il y en a d'autres qui ont de vieux et fidèles chiens de berger ; d'autres encore des terriers vifs et intelligents. » Ils étaient tombés sur Vaillant. C'était comme s'ils hébergeaient un hôte très exigeant qui ne s'en irait jamais. Paul était le seul, bien entendu, à savoir exactement quelle sorte de personne – ou plutôt de chien – il était ; cependant, ses parents eux-mêmes commençaient à éprouver du ressentiment à son égard.

– C'est un vrai glouton, dit Mme Bolet. Je ne sais pas comment il s'y est pris, mais il a réussi à ce que je lui donne trois repas par jour !

Paul savait trop bien comment il s'y était pris.

– C'est un fainéant, dit M. Bolet. Il n'y a pas de doute à ce sujet, j'en ai peur.

Comme il emmenait Vaillant pour faire une promenade de quelques kilomètres, le chien se roula dans un fossé plein de boue puis, au retour, il se roula sur le tapis du salon.

– Ça leur apprendra, dit-il.

Paul, jetant un coup d'œil à sa mère, vit avec plaisir que Vaillant semblait avoir dépassé les bornes.

– Je croyais, dit-il au chien, que nous allions monter une attraction. Faire des tours. Passer à la télé.

Vaillant, étalé sur le canapé, ouvrit un œil :

– Des tours ? Tu dois plaisanter, mon vieux. C'est du travail ça ! Et j'apprécie de me la couler douce.

Il devint de plus en plus gros. Ses attaques contre le postier se firent de moins en moins convaincantes. Mais le bouquet, ce fut le jour où des réparateurs vinrent chercher la télévision alors que tout le monde était sorti. Ils firent le tour de la maison et entrèrent par la porte de derrière qui n'était pas fermée ; ils prirent la télévision et la transportèrent dans leur camionnette. Mme Bolet s'excusa auprès d'eux quand ils vinrent la rapporter.

– Je crains que notre chien ne vous ai ennuyés l'autre jour. J'aurais dû l'enfermer en pensant que vous alliez venir.

Le réparateur s'esclaffa :

– Lui, pas de danger ! Il dormait comme une souche quand on est arrivé. Et quand il s'est réveillé, il nous a jeté un coup d'œil et il a décampé. Il ne ferait pas de mal à une mouche, pour sûr !

Ce fut la goutte d'eau qui fit déborder le vase.

– Il ne sert plus à rien, déclara M. Bolet.

Mme Bolet, toujours prête à donner à autrui le bénéfice du doute, avança que Vaillant savait peut-être faire la différence entre ceux qui venaient réparer la télé et de simples voleurs.

– Certainement pas, dit M. Bolet d'un ton sarcastique. A moins qu'il n'ait pu lire l'inscription sur la camionnette. Il est bon pour retourner à la S.P.A., un point c'est tout.

Paul, dans son for intérieur, poussa un soupir de soulagement. Vaillant était vraiment allé trop loin. A présent, avec un peu de chance, ils pourraient adopter un autre chien : un vrai chien qui ne saurait pas parler. Mais qu'arriverait-il à Vaillant ? Il ne pouvait l'imaginer mais il avait la ferme conviction que le chien était parfaitement capable de se tirer d'affaire tout seul. Il lui demanda :

– Pourquoi ne les as-tu pas mordus quand tu les as vus partir avec la télé ?

– Je n'allais pas m'en prendre à de tels imbéciles, dit Vaillant d'un ton bref. Je n'aimais pas leur façon de me regarder. D'ailleurs, ils auraient pu me faire un mauvais coup. Je sais bien quand il vaut mieux ne pas trop me faire remarquer.

– Ils vont te ramener à la S.P.A.

Vaillant prit un air dédaigneux.

– Pour ce que ça me fait ! A vrai dire, j'ai connu de meilleures planques. Je vais te dire ce qui me plairait la prochaine fois : une charmante vieille dame. Elles ont le cœur sur la main, les vieilles dames, je les connais. Plein de bouffe et pas d'idées stupides comme prendre de l'exercice. Tout ira bien, tu verras.

Et quelque chose me dit qu'il avait raison. Mais si jamais vous décidez d'adopter un chien à la S.P.A. et que vous tombiez sur un bâtard plutôt brun, affublé d'une oreille blanche, eh bien, si j'étais vous, j'y réfléchirais à deux fois.

La vraie vie sauvage

Colin Dann

La nuit suivante, Roux pénétra dans le bois avec la plus extrême prudence. Car si le gibet avait eu peu d'effet sur lui, il avait encore suffisamment de bon sens pour se rendre compte que le garde-chasse réagirait d'une manière ou d'une autre à son geste de mépris. Comme il rampait le long du fourré, non loin du terrier des blaireaux, un cri aigu de douleur déchira le silence, suivi de grognements et des bruits confus qui manifestaient la plus grande détresse.

Roux se hâta dans cette direction et il découvrit dans un des chemins qui lui étaient familiers, la femelle du blaireau qui s'était fait prendre dans un horrible piège. Plus elle se débattait et plus les dents de métal semblaient se refermer sur elle. Un fil de fer qui ressemblait à un collet maintenait son dos à terre, l'empêchant presque de respirer et menaçant de l'estropier.

Roux flaira le piège avec précaution, prêt à bondir pour éviter de se faire prendre à son tour. La pauvre femelle qui haletait lui lança un regard triste et désespéré. Le renardeau était convaincu que le piège avait été tendu pour lui et que la femelle blaireau malchanceuse s'y était jetée à sa place. Sans le savoir, elle l'avait sauvé d'une mort à peu près certaine et il lui en était très reconnaissant. Il examina de plus près le dispositif inventé par l'homme.

– Je vais essayer de t'aider, dit-il calmement au blaireau. Ne bouge pas.

Le pauvre animal avait déjà cessé de se débattre. La douleur était trop forte. Elle fut étonnée d'entendre les mots de Roux. Que voulait-il dire ? Pourquoi ne s'enfuyait-il pas, puisqu'il était encore libre ? Pour n'importe quelle créature sauvage de son espèce, l'instinct de conservation était le plus puissant de tous. C'était « elle » qui s'était fait prendre, pas lui. Elle continua à se recroqueviller dans son coin, incapable de lui répondre. Roux avait découvert que le fil solide qui la maintenait au sol en la blessant si cruellement était le seul obstacle à sa liberté. Une fois la bête prisonnière, il lui était impossible de se libérer elle-même, car elle ne pouvait atteindre le fil de fer. Mais, à l'extérieur du piège, on pouvait détendre le fil ou bien le rompre d'un coup sec. Le seul instrument que Roux avait à sa disposition, c'était la force de ses mâchoires.

– Je vais couper ce fil, murmura-t-il, s'adressant à lui-même autant qu'au blaireau.

Il essaya d'agripper le fil avec ses dents, mais celui-ci pénétrait trop profondément dans la chair de la femelle et il lui était impossible de refermer ses mâchoires sur lui sans la blesser. Un cri étouffé s'échappa de la gueule à sa première tentative. Il essaya encore à un autre endroit. Elle tressaillit de nouveau en fermant les yeux, en proie à une douleur mortelle. Désappointé, Roux se retira provisoirement. Il flaira l'air environnant, les oreilles aux aguets dans l'attente du pas de l'homme qui posait les pièges. Mais tout semblait calme. Il s'avança à nouveau, avec une détermination accrue. Il remarqua alors qu'à une des extrémités du piège, il y avait un petit morceau du fil qui n'appuyait pas sur le dos du blaireau. Il s'y agrippa de toute la force de ses mâchoires. Rien ne bougea.

– Cela peut prendre longtemps, dit-il, mais nous avons toute la nuit devant nous.

La femelle du blaireau gisait sur le sol, abandonnée à la merci du garde-chasse. Elle entendait sans comprendre le raclement des crocs de Roux sur le fil. Que faisait-il donc quand, selon toute probabilité, le résultat de son action aurait pour seul effet de le blesser à son tour ? Les heures de la nuit s'écoulèrent lentement.

Comme Roux faisait une nouvelle pause pour reposer ses mâchoires endolories, il crut entendre un martèlement régulier… comme un bruit de pas dans le lointain. Il s'immobilisa, aux aguets, tous les nerfs et les muscles tendus à l'extrême. Oui, il n'y avait aucun doute possible. Quelque chose se rapprochait et ce bruit cadencé ne pouvait être que celui des pas de l'homme. Le garde-chasse arrivait pour recueillir les fruits de son travail ! Roux s'attaqua au fil avec une ardeur redoublée et l'énergie du désespoir, sachant maintenant qu'à n'importe quel moment, il faudrait qu'il lâche prise pour prendre la fuite. Soudain, le fil rongé céda sous sa pression et se relâcha d'un brusque mouvement arrière qui le cingla à la face et l'éborgna presque. Au même moment, le blaireau se dégagea et courut instinctivement droit vers son repaire. Roux s'élança à sa suite.

Dans l'obscurité profonde du terrier, les deux animaux haletaient côte à côte. De l'eau s'écoulait de l'œil de Roux ainsi qu'un léger filet de sang au coin, là où la pointe du fil coupé l'avait atteint. Quant à la femelle du blaireau, son dos blessé la faisait également souffrir et était agité de soubresauts convulsifs.

Elle ne cessait de murmurer :

– Pourquoi ? Pourquoi ?

Roux ne répondit pas mais il passa une patte sur son œil malade comme s'il pouvait ainsi soulager sa blessure.

Complètement épuisés par leurs récentes aventures, ils tombèrent dans un sommeil agité.

La femelle du blaireau se réveilla la première. Son dos la brûlait encore mais, à la pensée qu'elle était encore vivante, un flot de joie l'envahit. C'était comme si elle avait défié la mort et en avait triomphé. Alors, elle se rappela son compagnon. Mais non ! « elle » n'avait rien fait ; c'était « lui » qui l'avait sauvée. Elle se tourna vers le renardeau, flaira le sang sur son museau et se mit à lécher sa fourrure avec une douceur pleine de gratitude. Roux se réveilla à son tour et secoua la tête dans l'espoir de se libérer de la douleur.

– Pourquoi m'as-tu sauvée ? demanda-t-elle.

Il la regarda un moment et répondit :

– Le piège était pour moi.

Mais le blaireau ne pouvait mesurer le sens de ces paroles.

– Alors, c'est sûr… (Elle

hésita.) Tu as eu de la chance d'y échapper.

– Oui, dit-il. J'ai échappé à la mort grâce à toi.

– Alors, pourquoi devrais-je vivre ? insista-t-elle, déconcertée.

Maintenant, c'était au tour de Roux de ne plus comprendre.

– Pourquoi devrais-tu mourir parce que j'ai eu de la chance ? souligna-t-il.

– Parce que C'EST LA VIE, répondit-elle, comme si c'était une évidence.

– Non, la corrigea-t-il, ça, C'EST LA MORT, et c'est trop cher payer.

– C'est ma maladresse qui m'a jetée dans le piège, poursuivit-elle. Je ne peux blâmer que moi.

– Mais aussi longtemps que j'étais libre, je devais t'aider à t'échapper.

Il sentait qu'elle ne comprenait toujours pas. C'était donc cela, la Vraie Vie Sauvage ? Cette indifférence naturelle à la souffrance d'autrui et au destin d'un autre, même quand on en était soi-même la cause ? Dans l'éducation qu'il avait reçue, la loi que lui avait enseignée son père et à laquelle il se devait d'être fidèle était d'aider ses amis dans la détresse et de s'attendre à la même chose de leur part. Pourtant, même ici, dans la Réserve Naturelle, il lui sembla se rappeler que cette loi ne s'appliquait qu'à une espèce particulière : aux animaux et aux oiseaux qui se déplaçaient par bandes à travers le pays pour retrouver la sécurité du Parc. La femelle du blaireau interrompit le cours de ses pensées.

– Je te serai toujours reconnaissante, lui dit-elle, et te serai pour toujours redevable.

Après une pause, elle ajouta :

– Si je suis ton exemple – et il me semble que je le dois – je t'offre mon aide et celle de mon clan chaque fois que tu en auras besoin.

– Je suis content d'avoir pu te libérer, dit simplement Roux. Et je…

Elle l'interrompit :

– Et tu t'es blessé en le faisant, je le crains !

– Ça guérira, dit-il.

– Est-ce que cela te soulage ? lui demanda-t-elle en le léchant.

– Oui, cela me calme, répondit-il.

Elle se remit à lécher sa fourrure.

– Je partirai demain, dit le renardeau d'un ton décidé. Cette aventure m'a montré que je ne devrais pas traîner ici trop longtemps.

– Tu as raison, répondit-elle.

– Mais d'abord, dit Roux avec bravade, je m'offrirai un dernier repas de faisan.

– Et moi, dit le blaireau, je t'aiderai à l'attraper.

LE JÉNIE

Dick King-Smith

Cette nuit-là, avant d'aller au lit, Judith inscrivit la grande nouvelle dans son Journal. Elle le tenait fidèlement et y rapportait chaque jour quelque chose, même si c'était une simple ligne à propos du temps. Mais le fait que Blanchette et Rouquin venaient d'avoir un bébé, ça, c'était une grande nouvelle qui méritait au moins une page entière.

JOURNAL DE JUDITH-CONFIDENCIEL

10 juin : Quelle surprise ! Blanchette a eu
un bébé ! C'est la première chose que j'ai vu
ce matin et je vais faire son éducation.
Déja il s'assoit quand je lui dit. Il est
brillant. Il est presque tout blanc comme
Blanchette, mais il a une sorte de crinière
comme un cheval qui lui cours le long du
dos et elle est rousse comme Rouquin. J'ai
demandé à papa comment on apelait quelqu'un
qui est vraiment brillant et il a dit "un
jénie, pourquoi ?" alors j'ai dit "parce que
c'est comme ça que je vais apeler mon
nouveau cochon d'Inde" alors il a ri
mais j'ai dit "Attends, tu verras. Un jour
le monde entier saura que le 10 juin,
c'est l'anniversaire de jénie."

De fait, le 10 juin s'avéra être une très bonne date pour la naissance de Jénie parce qu'il avait environ six semaines quand les grandes vacances commencèrent. Son entraîneur pourrait ainsi se consacrer exclusivement à lui sans être interrompu par l'école. Au cours de ces six semaines, Jénie s'était prodigieusement développé. Il en va bien sûr de même pour tous les bébés cochons d'Inde, mais celui-ci avait profité de circonstances particulièrement favorables : d'abord, il était enfant unique et, à ce titre, il recevait tout le lait que sa mère avait ; en outre, Judith le gâtait outrageusement. Les cochons d'Inde ordinaires se voient attribuer un morceau de pain rassis de temps à autre, alors que Jénie recevait régulièrement des sablés qui étaient sa récompense après les séances de dressage quotidien.

Jénie finit par maîtriser le plus difficile de tous les exercices auxquels Judith l'entraînait. C'était la fin d'un tour appelé « Aie confiance ! » Non seulement il devait garder un biscuit en équilibre sur le bout du museau mais, quand Judith criait : « C'est parti ! », il devait le lancer en l'air d'un coup de tête puis le happer. Jénie ne se lassait jamais de répéter à sa mère et à son père combien ce tour lui était devenu familier.

– Vous rendez-vous compte, leur déclara-t-il, que je suis le seul cochon d'Inde au monde à pouvoir faire ça, j'en suis sûr !

– C'est très bien, mon chéri, dit Blanchette d'une voix absente.

– L'orgueil précède toujours la chute, marmonna Rouquin d'un air sombre.

<u>3 septembre :</u>
Demain c'est le dernier jour des vacances
et je vais lui faire passé un test. Je
vais lui faire faire tous les tours qu'il
a apri et il devra les faire corectement
car je lui mettrai des notes pour chacun.
<u>4 septembre :</u>
Jénie a bien mérité son nom aujourd'
hui ! Il a fait ses tours parfaitement
et a eu les meilleures notes dans tous.
Je vais demandé a la maitresse si
je peu l'emener a l'école et je leur
montrerai comme il est brillant
et comme je l'ai brillament entrainé.
Je suis la seule personne au monde
a faire ça, j'en suis sure.

Il faut dire que Jénie n'était pas le seul à se monter un peu la tête et, à la fin du premier jour de la rentrée scolaire, chacun dans la classe avait les oreilles rebattues d'entendre vanter l'intelligence de Judith et de Jénie. La maîtresse de Judith en eut vite assez, elle aussi, d'entendre le récit de leurs exploits.

– Judith, lui dit-elle, tu ne t'attends pas, je suppose, à ce que nous croyions tout ce que tu as raconté ?

– Si, dit Judith, puisque c'est vrai.

– Bon. Eh bien, tu vas amener cet animal étonnant à l'école et tu pourras nous montrer tous les tours dont tu le dis capable.

Immédiatement, chacun demanda la permission d'amener son animal favori à l'école.

– Oh, je peux apporter mon lapin ?

– Et moi ma gerboise ?

– … mon hamster ?

– … ma perruche ?

La maîtresse finit par dire :

– Très bien. Nous aurons une Journée des Animaux. Chacun pourra amener son animal favori à l'école, pourvu qu'il soit en cage ou dans une caisse. Et nous ne voulons rien de trop grand – pas de poneys shetlands ni de chiens danois, s'il vous plaît. Qui sait, Judith, quelqu'un aura peut-être un animal aussi savant que le tien.

Judith se mit à rire.

– Sûrement pas aussi savant que Jénie. C'est impossible, dit-elle d'un ton suffisant. Attendez et vous verrez.

Comme la plupart des gens qui tiennent leur journal, Judith écrivait tous les soirs dans le sien. Pourtant, dès qu'elle se réveilla ce matin-là, qui devait être la Journée des Animaux à l'école, elle l'ouvrit et écrivit :

11 septembre : Aujourd'hui, c'est la journé des animaux a l'école ! Jénie va triamfer !
* Faites bien attention a ce qui va suivre ! *

Pendant le petit déjeuner, elle eut du mal à ne rien dire. Jusqu'à présent elle n'avait pas parlé des progrès de Jénie à ses parents – comme elle se l'était promis le 23 juillet – mais elle sentit qu'elle ne pourrait s'empêcher plus longtemps de faire allusion au succès qui les attendait dans les heures à venir.

– Savez-vous ce qui va se passer aujourd'hui ? dit-elle.

– Tu vas être en retard à l'école si tu ne te dépêches pas, répondit sa mère. Nettoie tes chaussures avant de partir et prends ton anorak. On dirait qu'il va pleuvoir.

– J'emmène Jénie à l'école, dit Judith.

– C'est très bien, ma chérie, dit sa mère. Maintenant, veux-tu une pomme ou une banane pour ton déjeuner ?

– Une pomme, dit Judith. Papa, as-tu entendu ce que j'ai dit ?

– J'ai entendu, dit son père. Devra-t-il aller à la maternelle ou bien est-il assez avancé pour entrer directement dans ta classe ?

– Oh papa ! s'écria Judith. Je t'assure que je l'ai vraiment bien entraîné.

Et elle se mit à lui énumérer toutes les choses que Jénie pouvait faire.

– Judith, dit son père, tu ne t'attends pas, j'espère, à ce que nous croyions tout ce que tu racontes ?

– Mais papa, c'est la vérité, dit Judith.

Son père plia son journal.

– Écoute-moi bien à présent, lui dit-il. T'amuser à inventer des jeux avec ton précieux cochon d'Inde, c'est une chose ; mais tu ne dois pas prendre tes désirs pour la réalité.

On pouvait à peine bouger dans la classe de Judith ce matin-là. C'était partout un amoncellement de clapiers et de cages, de paniers et de caisses qui contenaient des animaux. Seul Jénie était libre, assis parfaitement tranquille en face de Judith.

La maîtresse de Judith, apercevant une sorte de cochon d'Inde blanchâtre, avec une crête de poils roux le long du dos, lui dit :

– Est-ce là le génie dont nous avons tant entendu parler ?

– Oui, répondit fièrement Judith. Est-ce que je peux vous montrer ce qu'il sait faire ?

– D'accord, dit la maîtresse. Pose-le sur cette grande table au milieu de la salle pour que tout le monde puisse le voir.

Plusieurs animaux étaient déjà posés dessus : deux cages de hamsters, un bocal rempli de phasmes et un panier dont l'un des côtés ouvert était protégé par des barreaux.

Le destin voulut que Judith pose Jénie à proximité de ce panier ou plutôt juste devant et que, bien que personne ne puisse voir ce qui se trouvait à l'intérieur, Jénie, lui, le pouvait parfaitement. Et ce qu'il vit alors, à travers les barreaux, c'est une tête, une tête avec une expression cruelle, deux yeux jaunes flamboyants et une large gueule garnie de crocs blancs acérés.

L'occupant du panier n'était en fait qu'un jeune chat mais, en l'apercevant, Jénie sentit sa vue se brouiller et ses pattes se dérober sous lui. Il eut si peur qu'il Mourut Pour Sa Patrie sur-le-champ et tomba sur le dos ne bougeant plus et respirant à peine. Il pouvait entendre la voix de Judith lui crier : « Viens ! » et puis plus fort : « Jénie ! Viens ! » Puis il perçut un bruit qui s'amplifiait et qui était celui de toute la classe qui ricanait, gloussait et finalement éclatait d'un rire formidable devant Judith et son cochon d'Inde savant, à propos duquel elle s'était tant vantée. Mais il était incapable de remuer un cil.

– Voilà le grand dresseur d'animaux, dit quelqu'un, et les rires redoublèrent.

– Peut-être que cela te servira de leçon, Judith, conclut la maîtresse. Ton cochon d'Inde ne semble pas être le génie dont tu nous avais parlé. Fais attention à ne pas prendre tes désirs pour la réalité.

– Comment s'est passée ta première journée à l'école, mon chéri ? demanda Blanchette.

– Est-il vraiment besoin de lui poser la question, grommela Rouquin. Tu as été le premier de la classe, n'est-ce pas fiston, avec les meilleures notes et ta démonstration était parfaite, non ?

– Non, répondit Jénie d'une petite voix encore tremblante d'émotion. Je n'ai rien fait.

– Oui, oui, oui, on dit ça, reprit Rouquin. Le seul cochon d'Inde au monde qui soit capable de faire tous ces tours et qui n'a rien fait. Je m'attendais à ce que tu nous racontes quelque chose de sensationnel… que tu as bondi comme un lapin, ou volé comme un oiseau. Vraiment, je n'en serais pas surpris.

Judith entra au même moment, portant une brassée de pissenlits et elle entendit Rouquin et Blanchette faire un énorme raffut. Elle pensa qu'ils criaient comme d'habitude en voyant leur nourriture arriver mais, en fait, ils avaient le fou rire.

– Voler ! Oh Rouquin, tu es impayable ! s'exclamait Blanchette tandis que Rouquin, en s'esclaffant, se mit à glousser :

– L'orgueil précède toujours un atterrissage forcé !

Quelques minutes plus tard, le père de Judith, de retour de son travail, passa la tête par la porte de la remise.

– Alors, dit-il, notre génie a-t-il fait une belle démonstration ?

– Non, dit Judith. Il n'a rien voulu faire.

– Peut-être que cela te servira de leçon, Judith, dit son père.

Judith poussa un gros soupir.

– Peut-être en effet, mais papa, je ne voudrais pas que tu croies que je suis une menteuse.

– Il m'est difficile de ne pas le croire, dit son père, quand tu me racontes tant de choses extravagantes. Par exemple, que ton cochon d'Inde peut maintenir quelque chose en équilibre sur le bout de son museau, puis le lancer en l'air et le rattraper au vol. S'il peut réellement faire ça, je mange mon chapeau, je te le promets.

– Regarde bien, dit Judith.

Elle prit un sablé dans sa poche et en cassa un morceau. Puis elle ouvrit la porte de la cage de Jénie.

– Viens ! dit-elle, et il sortit du clapier.

– Assis ! dit-elle, et il s'assit.

Elle plaça alors délicatement le morceau de biscuit sur le museau de Jénie.

– Aie confiance ! dit-elle, et il resta assis, raide comme un piquet et comme cloué sur place pendant une dizaine de secondes.

Alors Judith cria :

– C'est parti !

On vit le morceau de biscuit s'élever dans les airs puis redescendre et aller s'engouffrer droit dans la bouche ouverte de Jénie.

– Quel gentil garçon ! dit Judith. A présent, tu peux le manger.

Elle se tourna vers son père qui se tenait penché en avant, les mains appuyées sur les genoux et qui observait la scène, la bouche ouverte, béat d'admiration, son chapeau à la main. Elle le prit et le lui rendit :

– Et toi, dit-elle, tu peux manger ça !

Le dernier des dragons

E. Nesbit

– Vous savez tous, bien entendu, que les dragons ont été à une époque aussi courants que les autobus aujourd'hui et presque aussi dangereux. Mais, comme chaque prince qui se respecte avait pour mission de tuer un dragon et de délivrer ainsi une princesse, les dragons se firent de plus en plus rares, jusqu'au jour où il devint difficile pour une princesse de trouver un dragon dont elle puisse être délivrée. Bientôt, il n'y eut plus de dragons du tout, ni en France, ni en Allemagne, ni en Espagne, ni en Italie, ni en Russie. Il en restait encore quelques-uns en Chine – et il en reste encore – mais ils sont plutôt du genre froid et métallisé. On n'en a évidemment jamais vu un seul en Amérique. Le dernier dragon ayant réellement existé était anglais – c'était, bien entendu, il y a très longtemps et bien avant que ne commence l'histoire de l'Angleterre. Ce dragon vivait en Cornouailles, dans de grandes cavernes, au milieu des rochers et c'était, ma foi, un très beau dragon qui mesurait environ soixante-dix pieds de long de sa

gueule effrayante jusqu'au bout de sa queue terrifiante. Il crachait de la fumée et des flammes et faisait un bruit de ferraille quand il marchait, à cause de ses écailles qui étaient en laiton. Ses ailes faisaient penser à des ombrelles à demi ouvertes ou encore à des ailes de chauve-souris, mais qui auraient été des centaines de fois plus grandes. Tout le monde avait très peur de lui et il y avait de quoi, en effet.

Or, le roi de Cornouailles avait une fille unique et, quand elle atteindrait l'âge de seize ans, elle devrait, naturellement, aller affronter le dragon : c'est ce qu'on raconte toujours au crépuscule dans les nurseries royales, aussi la princesse savait-elle ce qui l'attendait. Le dragon ne la mangerait pas, bien entendu, parce que le prince arriverait à temps pour la délivrer. Mais la princesse ne pouvait s'empêcher de penser qu'il serait beaucoup plus agréable de ne pas avoir affaire du tout au dragon, même si c'était pour en être délivrée.

– Tous les princes que je connais ne sont que de petits sots, dit-elle à son père. Pourquoi devrais-je être délivrée par un prince ?

– Cela s'est toujours passé ainsi, ma chère, dit le roi en enlevant sa couronne et en la posant sur l'herbe, car ils étaient seuls dans le jardin et même les rois ont besoin de se détendre parfois.

– Père chéri, dit alors la princesse qui venait de tresser une guirlande de marguerites et la posait sur la tête du roi, à la place de la couronne ; père chéri, ne pourrions-nous pas attacher un de ces petits sots de prince devant le dragon et alors, je pourrais aller tuer le dragon et délivrer le prince ? Je manie l'épée bien mieux que n'importe lequel des princes que nous connaissons.

– Quelle idée inconvenante pour une jeune fille ! dit le roi, et il remit sa couronne sur sa tête car il venait d'apercevoir le Premier ministre qui arrivait avec un panier rempli de nouvelles factures à signer.

– Abandonne cette idée, mon enfant. J'ai délivré ta mère d'un dragon et tu ne veux certainement pas te placer au-dessus d'elle, je suppose ?

– Mais celui-ci est le dernier dragon vivant. Il est différent de tous les autres.

– Et en quoi, s'il te plaît ? demanda le roi.

– Simplement parce qu'il est le dernier, dit la princesse qui retourna à ses leçons d'escrime pour lesquelles elle se donnait beaucoup de mal – de même que pour toutes ses leçons car elle ne pouvait pas renoncer à son idée de combattre le dragon.

Elle avait toujours été la plus jolie et la plus douce des princesses, mais elle s'entraîna tant et tant qu'elle devint bientôt la plus forte, la plus hardie, la plus adroite et la plus avisée des princesses d'Europe.

Et les jours et les années passèrent, jusqu'à ce qu'arrive enfin la veille du jour où la princesse devait être sauvée des griffes du dragon. Le prince qui devait accomplir cet exploit était un prince pâlot, avec de grands yeux et la tête pleine de mathématiques et de philosophie, mais qui avait malheureusement négligé ses leçons d'escrime. Il devait passer la nuit au palais où l'on donnait un banquet. Après le souper, la princesse envoya au prince son perroquet favori avec un message qui disait :

« S'il vous plaît, prince, venez sur la terrasse. Je désire vous entretenir en secret. La princesse. »

Bien entendu, il s'y rendit et, quand il arriva, il aperçut de loin sa longue robe argentée qui scintillait dans l'ombre des arbres comme une eau miroitante à la lumière des étoiles. Alors il s'approcha d'elle et lui dit :

– Princesse, je suis votre serviteur.

Puis il mit un genou en terre, son genou recouvert de brocart d'or, et plaça sa main sur son cœur, également recouvert de brocart d'or.

– Penses-tu, demanda la princesse du ton le plus sérieux, que tu seras capable de tuer le dragon ?

– Ou bien je le tuerai, ou bien c'est moi qui périrai, répondit le prince avec fermeté.

– Mais il n'est pas nécessaire que tu périsses, dit la princesse.

– C'est le moins que je puisse faire, dit le prince.

– J'ai bien peur que ce soit tout ce que tu puisses faire, dit la princesse.

– Mais c'est la seule chose qui me reste, à moins de tuer le dragon, dit-il.

– Ce que je ne comprends pas, dit-elle, c'est que tu doives risquer ta vie pour moi.

– Mais je le veux ainsi, dit-il. Il faut que tu saches que je t'aime plus que tout au monde.

Pendant qu'il disait cela, il lui parut si gentil que la princesse commença à l'aimer un peu.

– Écoute, dit-elle. Personne n'osera sortir demain. Tu sais qu'on m'attachera à un rocher et qu'on m'y laissera. Ensuite chacun se hâtera de rentrer chez soi, de fermer ses volets et de les garder clos jusqu'au moment où tu chevaucheras en triomphe à travers la ville, en criant que tu as tué le dragon, tandis qu'assise en croupe derrière toi, je verserai des larmes de joie.

– J'ai entendu dire que c'est ainsi que les choses doivent se passer, dit-il.

– Eh bien, m'aimes-tu assez pour venir à moi promptement et délier mes liens, afin que nous puissions ensemble affronter le dragon ?

– Mais cela pourrait être dangereux pour toi.

– Moins dangereux pour nous deux, si je puis être libre et l'épée à la main, plutôt qu'attachée et impuissante, dit la princesse. Accepte, je t'en prie.

Comme il ne pouvait rien lui refuser, le prince accepta. Et le lendemain, tout se passa comme elle l'avait prévu. Quand il eut coupé les liens qui la maintenaient attachée au rocher, ils se retrouvèrent tous deux sur le flanc de la montagne déserte et se regardèrent.

– Il me semble, dit le prince, que cette cérémonie aurait aussi bien pu s'arranger sans dragon.

– Oui, dit la princesse, mais puisqu'elle a été arrangée avec dragon…

– Il me semble dommage de tuer ce dragon, dit encore le prince, le dernier qui reste au monde.

– Eh bien, ne le tuons pas, dit la princesse ; apprenons-lui à ne pas manger les princesses mais plutôt à manger dans leurs mains. On dit que, par la douceur, on peut apprivoiser n'importe quoi.

– Apprivoiser par la douceur veut dire leur donner quelque chose à manger, dit le prince. As-tu quelque chose à lui donner ?

Elle n'avait rien, mais le prince avoua qu'il avait quelques biscuits sur lui.

– Le petit déjeuner était si matinal, dit-il, et j'ai pensé que tu pourrais te sentir faible après le combat.

– Quelle bonne idée ! dit la princesse, et ils prirent chacun un biscuit dans chaque main.

Puis ils regardèrent ici, et encore là, mais ne virent pas le moindre dragon.

– Voici enfin une piste ! s'écria le prince en montrant l'endroit où le rocher portait des éraflures et des égratignures, ce qui les conduisit à l'entrée d'une sombre caverne.

On aurait dit des ornières sur une route du Sussex, mêlées à des empreintes de pattes de mouette sur le sable.

– Regarde. C'est là qu'il a traîné sa queue d'airain et planté ses griffes d'acier.

– Ne parle pas ainsi de sa queue et de ses griffes, dit la princesse, ou bien je vais commencer à avoir peur et je sais qu'on ne peut rien apprivoiser – même par la douceur – si l'on a peur. Viens. C'est maintenant ou jamais.

Elle prit le prince par la main et ils se mirent à courir le long du chemin en direction de la sombre caverne mais, à l'entrée, ils s'arrêtèrent. Il faisait vraiment trop sombre. Ils restèrent donc à l'extérieur et le prince se mit à crier :

– Oh, oh, dragon ! Es-tu là ?

Alors de l'intérieur leur parvint comme un bruit de voix ainsi qu'un grand cliquetis de ferraille mêlé à des grincements. On eût dit qu'un énorme métier à tisser s'étirait pour s'arracher à son sommeil. Le prince et la princesse se mirent à trembler mais ils gardèrent leur sang-froid.

– Dragon, hé dragon ! dit la princesse, sors et viens nous parler. Nous avons un présent pour toi.

– Ah oui, je connais vos présents, grommela le dragon d'une grosse voix de tonnerre. Je parie que c'est encore une de ces délicates princesses. Et je devrais sortir et me battre pour elle. Eh bien non, je vous le dis tout net, il n'en est pas question. Je ne refuserais pas un vrai combat – un vrai combat et non un simulacre – mais un de ces coups montés où l'on doit perdre, ça non ! Aussi, je vous le dis franchement. Si j'avais envie d'une princesse, je préférerais venir la chercher moi-même, au moment que j'aurais choisi, mais je n'en ai pas envie. Et puis, que pensez-vous que j'en ferais, si je l'attrapais ?

– Vous la mangeriez certainement, n'est-ce-pas ? dit la princesse d'une voix qui tremblait légèrement.

– Moi, avaler un tel manche à balai, vous plaisantez ! dit le dragon avec effronterie. Je ne voudrais jamais toucher à une chose aussi affreuse.

La voix de la princesse s'affermit.

– Aimes-tu les biscuits ? demanda-t-elle.

– Non, grommela le dragon.

– Même ceux qui coûtent très cher, comme les tout petits avec du sucre sur le dessus ?

– Non, grommela le dragon.

– Alors, qu'est-ce que tu aimes ? demanda le prince.

– Allez-vous-en et cessez de m'ennuyer, grommela le dragon, et ils l'entendirent qui s'en retournait vers l'intérieur de la caverne.

Le fracas métallique et le cliquetis de ses écailles résonnaient comme le martèlement des marteaux à l'arsenal de Woolwich.

Le prince et la princesse se regardèrent. Que pouvaient-ils faire ? Bien entendu, il était inutile de retourner au palais pour informer le roi que le dragon ne voulait plus de princesses. Sa Majesté, qui était très conservatrice, ne voudrait jamais voir la différence entre un dragon « nouvelle vague » et un dragon à l'ancienne mode. Ils ne pouvaient pas non plus pénétrer dans la caverne et tuer le dragon car, à moins que celui-ci n'attaque la princesse, il ne leur semblait pas très loyal de lui faire du mal.

– Il doit bien aimer quelque chose, murmura la princesse, et elle se mit à l'appeler d'une voix aussi douce que le miel et la mélasse mélangés :

– Dragon ! Cher dragon !

– QUOI ?... s'écria le dragon. Répète ça, pour voir !

Et ils pouvaient l'entendre se rapprocher d'eux à travers l'obscurité de la caverne. La princesse se mit à trembler et répéta d'une toute petite voix :

– Dragon ! Cher dragon !

Alors le dragon sortit. Le prince tira son épée et la princesse fit de même – elle avait une épée magnifique avec un pommeau d'argent que le prince avait apporté dans son automobile. Mais ils n'attaquèrent pas le dragon ; ils reculèrent lentement tandis que celui-ci s'avançait en étalant toute la longueur de ses écailles sur le rocher – ses grandes ailes à demi déployées, son corps rutilant d'un éclat argenté comme des diamants sous le soleil. Enfin, il ne leur fut plus possible de reculer – un rocher noir barrait la route derrière eux – et ils se tinrent là, immobiles, debout contre le rocher avec leur épée à la main. Le dragon s'approcha plus près, encore plus près, et ils pouvaient voir maintenant qu'il ne crachait ni fumée ni flammes comme ils s'y attendaient. Il rampait lentement dans leur direction en frétillant légèrement comme un jeune chien qui veut jouer et qui ne sait pas très bien si l'on est fâché contre lui. Alors, ils aperçurent de grosses larmes qui ruisselaient le long de ses joues de laiton.

– Que t'arrive-t-il ? demanda le prince.

– Personne, non jamais personne – et il sanglotait – ne m'avait encore appelé « cher dragon » !

– Ne pleure plus, cher dragon, dit la princesse. Nous t'appellerons désormais ainsi aussi souvent que tu voudras, car nous voulons t'apprivoiser.

– Mais je suis apprivoisé, dit le dragon. C'est ce que personne, excepté vous, n'a jamais compris jusqu'ici. Je suis si apprivoisé que je pourrais manger dans vos mains.

– Manger quoi, cher dragon ? demanda la princesse. Un petit biscuit ?

Le dragon secoua lentement sa lourde tête.

– Pas de biscuits ? répéta tendrement la princesse. Que veux-tu alors, cher dragon ?

– Votre douceur m'a complètement « dédragonisé », dit-il. Personne ne nous a jamais demandé ce que nous aimerions manger – on nous a toujours offert des princesses que l'on s'empressait de libérer ensuite – et personne ne nous a demandé, même une seule fois « Qu'aimeriez-vous boire à la santé du roi ? » C'est vraiment cruel, vous ne trouvez pas ?

Et il se remit à pleurer.

– Mais qu'aimeriez-vous boire à notre santé ? dit le prince. Nous allons nous marier aujourd'hui, n'est-ce-pas princesse ?

Elle répondit que c'était possible, en effet.

– Ce que j'aimerais boire à votre santé ? demanda le dragon. Ah, vous êtes une sorte de gentilhomme, vous, monsieur, je vois ça. Mais cela m'est égal. Eh bien, je serais fier de boire à votre santé et à celle de votre chère épouse, une petite goutte de – sa voix faiblit – une toute petite goutte de pépépépépépétrole. C'est c'qu'un honnête dragon, monsieur…

– J'en ai plein ma voiture, dit le prince qui s'élança sur-le-champ et dévala la montagne en un clin d'œil.

Comme il était clairvoyant, il savait qu'avec ce dragon-là, la princesse était en sûreté.

– Si je puis me permettre, dit le dragon, pendant que le gentilhomme est parti et juste pour passer le temps, vous seriez si gentille de m'appeler une fois encore « cher dragon » et d'échanger une poignée de main avec un pauvre vieux dragon qui n'a jamais été l'ennemi de personne mais seulement le sien. Si vous le voulez bien, cela rendrait le dernier des dragons le plus fier des dragons qui ait jamais existé jusqu'à ce jour.

Il tendit vers elle son énorme patte et les grands crochets d'acier de ses griffes se refermèrent sur la main de la princesse, aussi doucement que celles de l'ours des Himalayas, quand il les referme sur le petit pain au lait que votre main lui tend à travers les barrières de sa cage, au zoo.

C'est ainsi que le prince et la princesse retournèrent triomphalement au palais, avec le dragon sur leurs talons qui les suivait comme l'aurait fait leur petit chien. Et, pendant tout le temps que durèrent les festivités du mariage, personne ne but plus sincèrement au bonheur des époux que le dragon, devenu compagnon favori de la princesse et qu'elle avait aussitôt baptisé Fidélio. Et quand l'heureux couple fut installé dans son nouveau royaume, Fidélio les accompagna et les supplia de lui trouver une occasion de se rendre utile.

– Il doit bien y avoir quelque petite tâche pour moi, dit-il en secouant les ailes avec un bruit de ferraille et en étirant ses griffes. Mes ailes, mes griffes et le reste pourraient sans aucun doute trouver un emploi.

C'est ainsi que le prince fit confectionner une selle spéciale ou plutôt une sorte de palanquin d'une taille prodigieusement longue et qui ressemblait à une suite de tramways mis bout à bout. On y fixa cent cinquante sièges, et le dragon, dont le plus grand plaisir était maintenant de faire plaisir aux autres, se réjouissait en emmenant des groupes d'enfants au bord de la mer. Il volait à travers les airs avec aisance, avec cent cinquante petits passagers à son bord,

et il atterrissait sur le sable, attendant patiemment le moment où ils voudraient bien retourner chez eux. Les enfants l'adoraient et prirent l'habitude de l'appeler « Cher dragon », ce qui ne manquait jamais de lui faire monter aux yeux des larmes de tendresse et de reconnaissance. Il vécut ainsi depuis lors, aimé et respecté de tous, jusqu'à ce que, l'autre jour, quelqu'un fit observer en sa présence que les dragons devraient être hors d'usage maintenant que des machines plus modernes avaient fait leur apparition. Ceci l'ennuya si fort qu'il demanda au roi de le transformer en quelque chose de moins « antique ». Le gentil monarque le changea immédiatement en engin mécanique. Et c'est ainsi que le dernier dragon devint le premier aéroplane.

Un chien à tout prix !

Rose Impey

Moi et ma sœur, nous voulions un chien à tout prix, mais maman et papa ne voulaient rien entendre. Jusqu'au jour où nous finîmes par les persuader…

Avant de monter nous coucher, ce soir-là, nous avons pris le journal et, plutôt que de lire une histoire à ma sœur, je lui ai lu les petites annonces.

«Chiot shetlandais (femelle), dernier de la portée, cherche d'urgence nouveau foyer et quelqu'un pour me dorloter.

Tél. 40 43 01 63

Appeler le soir entre 18 et 22 h.»

Quand j'eus terminé, elle me dit :

– Relis-moi l'annonce à propos du chiot shetlandais. Puis : Et si nous appelions ?

– Que veux-tu dire ?

– Téléphonons au numéro indiqué.

Et c'est ce que nous avons fait.

Il nous fallut traverser le palier sur la pointe des pieds pour pénétrer dans le nouveau bureau de maman, où se trouvait le téléphone. Nous parlions à voix basse pour ne pas nous faire entendre de nos parents. Au téléphone, la dame nous donna tous les renseignements concernant la petite chienne. Elle avait l'air si mignonne. Je faisais :

– Ahhhhhh.

– Ohhhhhhh… faisait ma sœur.

Nous eûmes une très longue conversation. Puis, sur la pointe des pieds, nous sommes retournées nous coucher…

Le lendemain, nous venions à peine de nous asseoir pour déjeuner quand la sonnerie de l'entrée a retenti.

Maman est allé ouvrir la porte.

Puis elle a appelé papa.

C'était la dame du journal. Elle portait le chiot dans ses bras.

Maman rougit : elle ne savait que dire. Papa rougit également : il en avait trop à dire !

– C'était très mal de votre part de déranger cette dame et de lui faire perdre son temps. Je vous l'ai déjà dit, nous ne voulons pas de chien. A aucun prix. Impossible. Quand je dis non, c'est non. Et je ne changerai pas d'avis. M'avez-vous compris ?

Ma petite sœur se remit à pleurer.

Papa avait gagné la première manche.

Deuxième manche

Peu de temps après, une chose merveilleuse arriva. Enfin, c'était merveilleux pour moi et ma sœur. Ce n'était pas très bien pour Mme Bolet, la voisine. Elle devait partir à l'hôpital pour subir une opération. Moi et ma sœur, nous lui avons écrit des cartes de bon rétablissement que maman lui a remis quand elle est allé lui rendre visite. Le côté merveilleux de l'aventure c'est qu'elle nous demanda de prendre soin de son chien !

Toby était un grand labrador noir, déjà assez vieux pour un chien.

Il n'avait jamais été dans un chenil.

Mme Bolet refusa de partir à l'hôpital jusqu'à ce que maman lui promette que nous prendrions Toby chez nous. Papa n'était pas très content.

– Les chiens ! dit-il. Le seul mot de chien me rend malade. Pourtant, il y en a d'autres que cela rend heureuses, on dirait.

HEUREUSES ! Nous étions au paradis ! Nous ne pouvions arrêter de rire quand maman nous apprit la nouvelle.

– C'est OK pour vous, dit papa, mais je suis le seul à rester à la maison toute la journée. C'est donc moi qui devrai m'occuper de ce vieux sac à puces.

– Oh, papa !

Même maman parut choquée.

– Je plaisantais ! dit papa.

Moi et ma sœur, nous aurions aimé rester toute la journée à la maison pour nous occuper de Toby.

En fait, presque chaque matin, ma sœur disait qu'elle avait mal au ventre ou qu'elle avait un rhume ou encore une cheville enflée. Papa ne se laissa pas prendre une seule fois. Il l'obligea à aller à l'école. Mais chaque soir, de retour à la maison, nous lavions les bols de Toby et nous l'emmenions en promenade.

Quand il était de bonne humeur, Toby courait après un bâton ou une balle, si on ne les lançait pas trop loin. Il ne les rapportait jamais. Toby n'aimait pas vrai-

ment prendre de l'exercice. La plupart du temps, il préférait dormir.

Parfois, il dormait dans son panier à la cuisine. Parfois, il dormait devant la cuisinière. Et d'autres fois, il dormait tout contre la barrière, aussi près que possible de sa propre maison.

Quand nous étions à l'école, Toby aimait dormir dans l'atelier de papa.

– Il est toujours dans mes jambes, se plaignait papa.

Chaque jour, à l'heure du thé, papa avait une nouvelle histoire à nous raconter à propos de Toby : une fois, il avait mâchouillé le manche de son meilleur tournevis, une autre fois, il avait creusé des trous dans les plates-bandes pour enterrer des morceaux de bois ou encore il avait mangé une pleine boîte de cire et il avait tout rendu dans le tas de sable.

Nous trouvions ces histoires amusantes. Mais papa n'était pas du tout de cet avis.

– Ce chien mangerait n'importe quoi, disait-il. Ce doit être le chien le plus bête du monde. Je ne pense pas qu'il ait autre chose dans la cervelle que de la sciure de bois.

Au bout de trois semaines passées à la maison, Toby sentit qu'il faisait partie de la famille. Maman gardait tous les restes à son intention. Elle était aux petits soins pour lui.

Même papa cessa de maugréer.

On n'aurait pas pu dire qu'il aimait

vraiment Toby mais il s'en accommodait.

Quant à Toby, c'est sûr, il adorait papa. Il le suivait partout. Le soir, dès que papa s'asseyait dans son fauteuil, Toby arrivait de son pas traînant et il se couchait sur ses pieds, comme une véritable chaufferette en velours noir.

Un jour, moi et ma sœur, nous fîmes la course de l'école jusqu'à la maison juste pour voir combien de temps cela prendrait.

Nous arrivâmes en courant à la maison… pour surprendre papa.

Nous pouvions à peine en croire nos yeux. Papa et Toby se roulaient sur le plancher en jouant à quelque jeu stupide. Papa riait à perdre haleine en poussant Toby d'un geste vraiment très amical. Toby essayait de lui mordre l'oreille.

– Sors de là, espèce de vieille chiffe molle.

Quand papa nous vit, il rougit et eut

l'air embarrassé... de nous voir... le voyant... faire le pitre avec Toby.

– Je croyais que tu prenais Toby pour un vieux sac à puces sans cervelle.

– Je croyais que tu n'aimais pas les chiens.

– Tu es un menteur !

Papa ne répondit rien ! Que pouvait-il dire ? Nous l'avions percé à jour.

Il ne pourrait plus nous avoir si facilement. Moi et ma sœur, nous restions là, à le regarder avec un large sourire.

Nous avions gagné la deuxième manche.

AU ZOO

Brian Patten

Deux nouvelles créatures venaient d'arriver au zoo et la classe 10XA s'était groupée autour de leur cage pour les observer.

– Ne vous approchez pas trop ! dit le professeur.

– Ils n'ont pas l'air dangereux, dit un élève.

– Ils ont l'air doux, dit un autre.

– Ils vous semblent doux parce qu'ils sont jeunes mais, même les jeunes peuvent parfois être méchants. N'oubliez pas qu'ils sont carnivores dès leur plus jeune âge.

– Que veut dire carnivore ? demanda un élève.

– Cela veut dire qu'ils se nourrissent de viande.

– Est-ce que ça veut dire qu'ils pourraient nous manger ?

– C'est possible, dit le professeur.

– Ils ont l'air apprivoisés, dit un autre élève. Ils n'ont presque pas bougé depuis que nous sommes arrivés.

– C'est probablement parce qu'ils sont plus intéressés par la boîte qui se trouve dans le coin de leur cage, dit le professeur. Si vous posez une de ces boîtes devant eux, ils resteront assis là pendant des heures. C'est quand vous leur enlevez la boîte qu'ils deviennent sauvages.

– Eh bien, moi, je les trouve plutôt calmes, dit un élève. Ils ressemblent un peu aux singes qui sont dans l'autre cage. Est-ce qu'ils sont aussi intelligents ?

– Oh non, dit le professeur. Ils sont

incapables de faire la moitié de ce que font les singes.

– Je les trouve plutôt ennuyeux, dit un autre élève. Et puis toute cette peau rose. Berk ! ils sont vraiment laids !

– Peut-être seraient-ils plus intéressants s'ils ne restaient pas bouche bée devant cette boîte, dit le professeur. Il leur arrive de se déplacer davantage, généralement pendant la journée. De toute façon, ils font partie de notre programme au zoo et vous devez tous en donner une description sur vos blocs-notes électroniques.

La classe 10XA se désintéressa rapidement des nouveaux spécimens et passa à la cage suivante.

Comme ils s'éloignaient, un des élèves demanda :

– D'où avez-vous dit qu'ils venaient ?

– Je vous l'ai déjà dit, répondit le professeur. Vraiment Prosper ! Il m'arrive parfois de penser que vous n'avez guère de cervelle dans aucune de vos trois têtes ! Ils viennent d'une planète appelée Terre et on les appelle des Enfants. J'espère que vous ne l'oublierez plus !

UN LION À L'ÉCOLE

Philippa Pearce

Il était une fois une petite fille qui n'aimait pas aller à l'école. Elle était toujours en retard. Ensuite, elle devait se dépêcher mais, elle avait beau faire, elle n'allait jamais assez vite pour arriver à l'heure.

Un matin qu'elle se dépêchait comme d'habitude, elle tourna le coin de la rue et, là, elle vit un lion qui lui barrait le passage. Il avait l'air de l'attendre et la fixait de ses yeux jaunes. Il gronda et, ce faisant, découvrit des crocs aussi acérés que des piques et des couteaux.

– Je vais te dévorer, dit-il.

– Oh là là ! fit la petite fille et elle commença à pleurer.

– Attends ! dit le lion. Je n'ai pas terminé. Je vais te dévorer A MOINS QUE tu ne m'emmènes à l'école avec toi.

– Oh là là ! fit la petite fille. C'est impossible. La maîtresse nous interdit d'amener nos animaux favoris à l'école.

– Je ne suis pas ton animal favori, dit le lion.

Il gronda à nouveau et elle vit que sa queue cinglait l'air avec colère.

– Swish ! swash ! Tu peux dire à la maîtresse que je suis un ami qui vient à l'école avec toi. Et maintenant, tu m'emmènes ?

La petite fille s'était arrêtée de pleurer.

– D'accord, répondit-elle. Mais tu dois me promettre deux choses. D'abord, tu ne dois dévorer personne : ce n'est pas permis.

– Tu crois que je peux gronder ? demanda le lion.

– Je crois que tu peux, dit la petite fille.

– Et tu crois que je peux rugir ?

– Est-ce vraiment nécessaire ? dit la petite fille.

– Oui, dit le lion.

– Dans ce cas, je crois que tu peux, dit la petite fille.

– Quelle est l'autre chose ? demanda le lion.

– Tu dois me porter sur ton dos et te laisser conduire pour aller à l'école.

– Très bien, dit le lion.

Il s'accroupit sur le trottoir et la petite fille grimpa sur son dos. Elle se tenait à sa crinière. Ils prirent le chemin de l'école.

Et le lion se mit à courir vers l'école en portant la petite fille sur son dos. Mais ils arrivèrent quand même en retard. La petite fille et le lion entrèrent dans la classe au moment où la maîtresse faisait l'appel.

Quand elle vit la petite fille entrer avec le lion, la maîtresse s'arrêta de faire l'appel. Elle regarda fixement le lion, tous les enfants le fixèrent également en se demandant comment elle allait réagir.

– Tu sais que les animaux sont interdits à l'école, dit la maîtresse.

Le lion se mit à cingler l'air de sa queue.

La petite fille dit :

– Ce n'est pas mon animal ; c'est un ami qui est venu à l'école avec moi.

La maîtresse, tout en continuant à fixer le lion, dit à la petite fille :

– Alors, comment s'appelle-t-il ?

– Noil, dit la petite fille. Simplement Noil.

Elle savait qu'elle ne pouvait pas dire à la maîtresse que son ami était un lion, aussi avait-elle mis son nom à l'envers : LION – NOIL. La maîtresse écrivit le nom sur son registre : NOIL. Puis elle termina l'appel.

– Julie Folliet, dit-elle.

– Oui, dit la petite fille.

– Noil, dit la maîtresse.

– Oui, dit le lion.

Il marmonna en ouvrant la gueule aussi peu que possible, de façon à ce que la maîtresse ne voit pas ses crocs acérés

Toute la matinée, le lion resta assis sur sa chaise, à côté de la petite fille. Il ressemblait à un gros chat avec sa queue enroulée autour des pattes et son air franc comme l'or. Il ne disait rien à moins que la maîtresse ne s'adresse à lui. Il ne gronda ni ne rugit.

A la récréation, la petite fille et le lion sortirent dans la cour. Tous les enfants s'arrêtèrent de jouer pour fixer le lion. Puis ils reprirent leurs jeux. La petite fille se tenait à l'écart, dans un coin de la cour, le lion à ses côtés.

– Pourquoi ne jouons-nous pas comme les autres ? demanda le lion.

La petite fille répondit :

– Je n'aime pas jouer à cause de ces grands garçons. Ils sont grands et brutaux et ils vous renversent sans faire attention.

Le lion gronda.

– Ils n'oseraient pas me renverser, MOI, dit-il.

– Il y a un grand garçon – le plus grand de tous, dit la petite fille, il s'appelle le Grand Jacques. Il fait exprès de me renverser.

– Où est-il ? dit le lion. Montre-le moi.

La petite fille montra le Grand Jacques au lion.

– Ah ! fit le lion. C'est lui, le Grand Jacques.

Au même moment la cloche sonna et tous les enfants durent regagner leurs classes. Le lion rentra avec la petite fille et s'assit à côté d'elle. Jusqu'au déjeuner, les enfants passèrent leur temps à écrire et à dessiner. Le lion, qui avait faim, voulut faire un dessin de son déjeuner.

– Qu'y a-t-il à manger ? demanda-t-il à la petite fille. J'espère qu'il y aura de la viande.

– Non, dit la petite fille. Nous aurons des bâtonnets de poisson, parce qu'aujourd'hui, c'est vendredi.

Alors la petite fille montra au lion comment tenir son crayon jaune avec sa patte et elle lui fit dessiner des bâtonnets de poisson. Sous le dessin, elle écrivit : « Je préfère la viande aux bâtonnets de poisson ».

Enfin, ce fut l'heure du déjeuner. Le lion s'assit sur sa chaise à la table du réfectoire, à côté de la petite fille. Le lion mangea rapidement et, à la fin, il dit :

– J'ai encore faim ; et j'aurais bien voulu manger de la viande.

Après déjeuner, tous les enfants sortirent dans la cour. Tous les grands garçons couraient autour d'eux et le plus grand de tous, le Grand Jacques, se dirigea en courant vers la petite fille. Il courait en faisant des cercles et il se rapprochait de plus en plus de la petite fille.

– Va-t'en, dit le lion. Tu pourrais renverser mon amie. Va-t'en.

– J'm'en irai pas, dit le Grand Jacques.

La petite fille se cacha derrière le lion. Le Grand Jacques courait en se rapprochant de plus en plus près, de plus en plus près, de plus en plus près.

Alors le lion gronda. Quand le Grand Jacques vit les crocs du lion aussi acérés que des piques et des couteaux, il s'arrêta de courir et se tint immobile, les yeux écarquillés.

Le lion ouvrit plus grand sa gueule – elle était si large que le Grand Jacques pouvait voir sa gorge, vaste, profonde et sombre comme un tunnel où il aurait pu pénétrer. Le Grand Jacques pâlit.

Alors le lion rugit.

Il rugit… RUGIT… RUGIT.

Toutes les maîtresses sortirent dans la cour.

Tous les enfants s'arrêtèrent de jouer et se bouchèrent les oreilles. Et le plus grand garçon de tous, le Grand Jacques, pivota sur ses talons et se mit à courir, courir, courir. Il ne s'arrêta de courir que lorsqu'il fut arrivé chez lui, près de sa mère.

La petite fille sortit de derrière le lion.

– Eh bien, dit-elle. Je ne pense pas qu'il soit très courageux. Je n'aurais jamais plus peur de lui, à présent.

– J’avais faim, dit le lion. J’aurais facilement pu le dévorer, mais je t’avais fait une promesse.

– Et je ne crois pas que sa mère aurait aimé ça, dit la petite fille. Nous devons retourner à l’école maintenant.

– Je ne reste pas cet après-midi, dit le lion.

– Alors je te dis à lundi, dit la petite fille.

Mais le lion ne répondit pas. Il se contenta de s’éloigner.

Le lundi, le lion ne vint pas à l’école. A l’heure de la récréation, dans la cour, le plus grand des grands garçons vint vers la petite fille.

– Où est ton ami qui parle si fort ? dit-il.

– Il n’est pas ici, dit la petite fille.

– Va-t-il revenir ? demanda le plus grand des grands garçons.

– Certainement, dit la petite fille. Il reviendra certainement. Aussi, je t’avertis, gare à toi, Grand Jacques.

Roald Dahl est né au pays de Galles en 1916. Après des études en Angleterre, il part pour l'Afrique et sera ensuite pilote de chasse dans la R.A.F. En 1960, il publie *James et la grosse pêche*, suivi d'une série de best-sellers. Roald Dahl est mort en 1990. **Elisabeth Beresford** est née à Paris. Après avoir travaillé en tant que journaliste indépendante, elle a écrit des scénarios pour la radio. Elle habite aujourd'hui à Alderney, une des îles anglo-normandes. **Penelope Lively** est née en Egypte où elle a vécu jusqu'à l'âge de douze ans, avant de venir en Angleterre. Auteur de romans pour adultes, elle a par ailleurs publié plusieurs livres pour enfants dont *Le Vitrail* (Folio Cadet) et *Le fantôme de Thomas Kempe* (Lecture Junior). **Colin Dann** est né à Richmond en Angleterre, en 1943. Il partage son temps entre l'écriture et son intérêt pour la nature et la protection de l'environnement. C'est après avoir été fermier puis instituteur que **Dick King-Smith** est devenu l'un des écrivains anglais les plus populaires. Son premier livre, *Babe, le cochon devenu berger* (publié chez Gallimard Jeunesse), a remporté un succès immédiat et inspiré un film, en 1996. **Edith Nesbit** est née en 1858 à Londres. Elle est l'auteur de nouvelles, de romans, de poèmes ainsi que de livres pour enfants. E. Nesbit est morte en 1924. **Rose Impey** habite dans le Leicestershire. Après avoir été institutrice, elle est devenue auteur de livres pour enfants et en a publié plus d'une trentaine. **Brian Patten** est né à Liverpool en 1946. Passionné par la poésie, il fonde son propre journal où il contribuera à lancer et faire connaître de nouveaux talents. **Philippa Pearce** est née près de Cambridge. Elle commence par être auteur de scénarios pour la BBC, puis auteur, éditeur et critique de livres pour la jeunesse. Elle publie *Tom et le jardin de minuit* (folio junior) en 1958 qui marquera le début d'une longue carrière.

Les souris tête en l'air

Supplément illustré

Test

Comédien ? Tout le monde l'est un peu ! Même les animaux le sont parfois ! Tu as vu comment le chat Noé et le chien Vaillant sont capables de jouer la comédie à leurs maîtres ! Et toi, aimes-tu jouer la comédie ? Pour le savoir, choisis pour chaque question la réponse que tu préfères et reporte-toi à la page des solutions.

(Réponses page 126)

1 Pour obtenir une permission de tes parents, tu es prêt à :

■ mimer un terrible désespoir

▲ leur demander un entretien en tête à tête

● leur proposer de rendre service

2 Jouer la comédie peut te servir à :

▲ te faire écouter

■ te sortir de situations difficiles

● te faire aimer des autres

3 Le chat Noé est un comédien sympathique car :

● il sait séduire

▲ il obtient tout ce qu'il veut

■ tout le monde se prend à son jeu

4 Si tu t'étais trouvé dans la situation de Paul :

▲ les arguments de Vaillant pour se faire adopter t'auraient convaincu

● tu aurais tout de suite senti que Vaillant n'était pas gentil

■ tu aurais obligé Vaillant à jouer son rôle jusqu'au bout

5 Un vrai comédien :

▲ joue toujours le personnage qu'il est en réalité

● ne peut jouer que les personnages qu'il aime

■ peut tout jouer

6 En tant que spectateur tu aimes être :

● ému

▲ intéressé

■ impressionné

7 Tu penses qu'on joue la comédie quand :

■ on n'a pas peur des autres

● on n'est pas très à l'aise dans la vie

▲ on a envie d'être différent des autres

8 Lorsque tu joues la comédie :

■ tu soignes ta tenue et tes accessoires

▲ tu répètes ce que tu vas dire

● tu regardes ton public en face

Informations

Des comédiens qui s'ignorent

Les animaux de ces histoires sont plutôt étonnants ! Que ce soit Jénie le cochon d'Inde génial, Vaillant le chien qui parle, Noé le chat comédien ou encore le dragon au cœur tendre, tous ont des talents exceptionnels ! Bien sûr, il s'agit d'histoires imaginaires mais les animaux sont capables de faire des choses incroyables pour survivre.

Le camouflage

La technique du camouflage permet aux animaux de se cacher pour éviter d'être repérés par leurs ennemis et de mieux surprendre leur proie. Un morceau de terre ou un rocher peut soudain bouger et l'on découvre alors qu'il s'agissait d'une tortue ou d'une chenille. Des feuilles mortes ou des jolies fleurs se transforment parfois en mantes religieuses prêtes à se ruer sur leurs victimes. Beaucoup d'animaux ont des couleurs qui se fondent dans le paysage. La robe du lion passe inaperçue au cœur de la savane et la couleur de

la sauterelle s'apparente aux herbes qui l'entourent. Certains animaux ont même une forme grâce à laquelle ils se font oublier : par exemple, il est très difficile de repérer certains poissons parmi les algues. Certaines espèces peuvent changer de couleur selon l'endroit où elles se trouvent. Tu connais le caméléon, la grenouille... D'autres animaux muent au rythme des saisons. Le lièvre est marron l'été pour mieux se fondre dans le paysage et devient blanc l'hiver pour se faire oublier dans la neige.

■ **On ne bouge plus !**

Quand on se cache, on ne doit pas bouger d'un pouce ! C'est la même chose pour les animaux. Certaines chenilles se confondent avec les branches des arbres et n'esquissent aucun mouvement durant des semaines. Les caméléons sont capables de rester immobiles pendant très longtemps.

■ Les comédiens

Lorsqu'ils sont attaqués, certains animaux font semblant d'être morts car certains prédateurs, comme les chats, ne mangent que les animaux vivants.
Le scarabée tombe sur le sol et se met sur le dos et les serpents s'enroulent en laissant tomber la tête en arrière.

■ Les metteurs en scène

Certains animaux composent eux-mêmes leur décor. Les crabes ramassent des petits morceaux d'algues, d'éponges et s'en couvrent. Le temps passe, les algues grandissent et le crabe prend progressivement l'apparence d'un fond marin. C'est sa façon de se dissimuler. Sur terre, les insectes comme les sauterelles et les chenilles placent des morceaux de feuilles ou de lichen sur leur corps.

■ Les bébés se déguisent aussi

Te souviens-tu de l'histoire du vilain petit canard ? Eh bien, sous son air malheureux, il avait en fait beaucoup de chance ! Sa couleur terne le protégeait des prédateurs très friands de petites proies bien tendres ! Les bébés mantes religieuses sont encore plus malins ! Au début de leur vie, ils se comportent comme des fourmis, allant même jusqu'à tenir leurs pattes de devant en l'air comme des antennes. Quand les mantes religieuses sont devenues trop grosses pour ressembler à des fourmis, elles essaient de mimer les scorpions. Elles placent alors une partie de leur abdomen en l'air pour qu'on les confonde avec la queue d'un scorpion et mettent leurs pattes de devant de façon à ce qu'on les prenne pour des pinces. Devenues adultes, les mantes se confondent avec les feuilles et les brindilles.

■ Se faire plus gros qu'on ne l'est

As-tu déjà vu un chat attaqué par un gros chien ? Le chat fait le gros dos et ébouriffe sa fourrure de façon à paraître beaucoup plus gros qu'il ne l'est en réalité. Ensuite, il se met à sou ffler et à cracher. Cela suffit souvent à faire fuir un chien qui se trouve impressionné. Beaucoup d'autres animaux utilisent cette technique pour terrasser leur adversaire. Entre le camouflage, l'imitation et la mise en scène, le monde animal joue beaucoup la comédie !

Jeux

La promenade de Noé

Lors de sa petite promenade quotidienne, Noé le chat interroge les locataires sur les histoires que tu viens de lire. Ils ont le droit de choisir entre deux réponses. Aide-les !

(Réponses page 127)

Les souris tête en l'air

1. Comment Basile se débarrasse-t-il des souris ?

A. En leur faisant croire qu'elles marchent sur le plafond

B. En leur faisant croire qu'elles marchent sur le plancher

Noé

2. Pourquoi le chat est-il appelé Noé ?

A. Parce que Lucie l'a trouvé le jour de la Saint-Noé

B. Parce que la rue s'appelle rue de l'Arche

Un chien catastrophique

3. Que promet Vaillant,

le chien rencontré à la S.P.A., si Paul l'adopte ?
A. De lui rester fidèle pour toujours
B. De monter une attraction avec lui

La vraie vie sauvage

4. A qui est destiné le piège ?
A. Au renardeau
B. Au blaireau

Le Jénie

5. Pourquoi Jénie ne peut-il exécuter ses tours devant la classe ?
A. Parce qu'il est terrorisé par un chat
B. Parce qu'il ne connaît aucun tour

Le dernier des dragons

6. Que propose la princesse au prince ?
A. De ne pas affronter le dragon
B. D'affronter le dragon avec lui

Un chien à tout prix

7. Quel secret cache le père des fillettes ?
A. Il s'amuse comme un fou avec Toby
B. Il est allergique aux chiens

Au zoo

8. Où et quand se passe cette histoire ?

A. Dans le passé et dans un pays lointain
B. Dans le futur et sur une planète inconnue

Un lion à l'école

9. Pourquoi la petite fille emmène-t-elle le lion à l'école ?
A. Parce que, sinon, le lion la dévorera
B. Pour faire peur à Grand Jacques

Serais-tu un bon maître ?

S'occuper d'un animal domestique nécessite quelques connaissances mais aussi beaucoup de bon sens. Voici dix conseils pour tout jeune maître. Certains sont de très bons conseils mais d'autres doivent absolument être évités !

Entoure le **1** si le conseil te semble judicieux et entoure le **0** s'il te semble très mauvais !
(Réponses page 127)

1. Nettoie régulièrement les yeux et les oreilles de ton animal avec un coton-tige (**0 1**)
2. Garde précieusement les os de lapin pour le repas de ton chien (**0 1**)
3. Donne des légumes à ton animal, cela lui fera le plus grand bien (**0 1**)
4. Lave ton chat toutes les semaines (**0 1**)

5. Achète un grattoir pour que ton chat puisse s'y faire les griffes (**0** **1**)
6. Sors ton chien au moins deux fois par jour (**0** **1**)
7. Prends régulièrement la température de ton animal (**0** **1**)
8. Offre une souris en plastique à ton chat (**0** **1**)

9. Brosse ton chien régulièrement (**0** **1**)
10. Donne du sucre à ton chien pour le récompenser (**0** **1**)

Dans les deux sens

Le lion passe inaperçu en se faisant appeler Noil ! Tu as sûrement remarqué qu'il s'agit du même nom mais… à l'envers ! Il existe des noms qui peuvent se lire dans les deux sens comme ÉTÉ. Ce sont des palindromes. Mais certains noms sont différents selon le sens dans lequel on les lit. Que penses-tu de Léon qui devient Noël ? Retrouve le nom correspondant à : Ressasser - Anna - Cire - Emir - Port - Rats - Sert - Bob

(Réponses page 127)

Réponses

pages 116 et 117

Compte les ■, ▲, et les ● que tu as obtenus.

- Si tu as plus de ■ : tu as des dons de comédien et tu aimes jouer tous les rôles. Tu aimes changer de personnage pour faire rire ou pleurer. Tu aimes qu'on se prenne à ton jeu car tu te donnes beaucoup. Sans la comédie, la vie te semblerait bien triste !

- Si tu as plus de ▲ : le chien Vaillant a quelques points communs avec toi (pas la méchanceté bien sûr !). Comme lui, tu aimes convaincre et, pour cela, il t'arrive de jouer la comédie. Tu as le sens du spectacle et de la mise en scène et tu aimes prendre la parole. Tu ne joues que pour mettre en valeur ce qui te semble important.

- Si tu as plus de ● : tu serais plus proche du chat Noé. Tu adores séduire et tenir le beau rôle. La comédie te permet de charmer les autres et de t'attirer des compliments souvent mérités. Tu n'hésites pas à te lancer dans le mélodrame si c'est nécessaire. Attention à garder les pieds sur terre !

pages 122 à 124

La promenade de Noé : 1. A - 2. B - 3. B - 4. A - 5. A - 6. B - 7. A - 8. B - 9. A

pages 124 et 125

Serais-tu un bon maître ?

Si tu es un bon maître, tu as dû entourer six fois le **1** *(1, 3, 5, 6, 8, 9) et quatre fois le* **0** *(2, 4, 7, 10). Évite surtout le sucre et les os de lapin qui feraient du mal à ton chien. Ne lave ton chat qu'exceptionnellement et, pour l'un et l'autre, laisse le soin au vétérinaire de prendre sa température !*

page 125

Dans les deux sens : *ressasser / ressasser - Anna / Anna - cire / Éric - émir / rime - port / trop - rats / star - sert / très - Bob / Bob*